LES TRAVAUX DE DÉFENSE DE LYON

ET LE

PALAIS DE JUSTICE.

———

NOTE
ADRESSÉE A M. LE MINISTRE DE LA GUERRE
ET AU GÉNIE MILITAIRE,
POUR FAIRE SUITE AUX DEUX MÉMOIRES
DES PROPRIÉTAIRES DU MIDI.

LYON.

IMPRIMERIE DE GABRIEL ROSSARY,
RUE SAINT-DOMINIQUE, N° 1.

1832.

LES TRAVAUX DE DÉFENSE DE LYON

ET LE

PALAIS DE JUSTICE.

La défense de Lyon et le Palais de justice !!! quel étrange rapprochement !

Telle est la réflexion qu'aura pu inspirer à quelques personnes la couverture de ce petit écrit de quelques pages. Mais il y aurait témérité à juger sur un titre, sur une étiquette : on ne voudra pas encourir un pareil reproche, on tournera le feuillet et on ira plus avant.

Lyon, l'une des premières villes manufacturières de l'Europe, est devenu depuis la révolution de juillet une position militaire.

L'autorité militaire et le génie ont profité habilement de cette occasion pour proposer et faire exécuter un plan souvent rejeté, pendant les années de paix qui s'étaient succédées depuis la restauration. Ce plan, qui consistait à établir des travaux de défense autour de Lyon, ne tendait rien moins qu'à en faire une ville de guerre. On s'était alarmé pour sa fortune industrielle, pour ses richesses immobilières; on avait réussi à différentes reprises à faire ajourner le projet.

Mais après les événemens de 1830, le gouvernement et l'autorité militaire ont invoqué la raison du salut de l'État. Devant ce mot ont dû fléchir d'autres considérations qui n'étaient plus que locales et que secondaires. Lyon, c'était son sort, est devenu une position militaire.

C'est là un fait accompli et sur lequel il ne peut plus y avoir que des regrets.

Mais des fortifications seules ne suffisent pas. Il faut au besoin des hommes pour en couvrir l'étendue, pour en défendre l'approche.

Le gouvernement avait compris cette nécessité. Il était dans ses intentions de placer une garnison nombreuse à Lyon.

Des circonstances récentes et à jamais déplorables l'ont confirmé de plus en plus dans cette résolution, qui eût dû même plus tôt s'exécuter. Le séjour dans nos murs d'une force imposante, doit désormais tout à la fois nous protéger contre l'étranger de toute invasion subite, et nous préserver, dans le sein même de notre ville, de toutes nouvelles dissensions et de leurs sanglantes catastrophes.

La question du *casernement* a été une conséquence de la résolution de l'autorité supérieure; et cette question est devenue grave à raison des circonstances.

Isolera-t-on de nouveau les forces militaires; les répandra-t-on, les disséminera-t-on çà et là dans les quartiers les plus éloignés de la ville? les logera-t-on par bataillons détachés, par fractions même de bataillon dans des bâtiments trop rétrécis pour pouvoir contenir un grand nombre d'hommes? les exposera-t-on de nouveau au milieu d'une population ouvrière très-nombreuse, à tous les dangers d'une émeute qu'un moment fait éclore, à tout le péril d'une attaque instantanée des *masses*, à laquelle on ne peut résister que par des *masses* contraires placées dans des positions sûres?

Le gouvernement ne pouvait se tromper. La leçon funeste de l'expérience ne peut pas être perdue; elle apprend qu'à l'avenir, pour que la garnison soit en complète sûreté, elle ne doit résider que sur des points où le nombre d'hommes réunis puisse être assez grand pour résister aux premières tentatives de la multitude.

C'est par suite de ce nouveau système de casernement que le gouvernement s'occupe, dit-on, de l'acquisition de l'ancien cloître des Chartreux et surtout de celle d'une partie de la presqu'île Perrache située à l'extrémité méridionale du Champ-de-Mars. Ce dernier emplacement surtout, où le gouvernement paraît avoir manifesté l'intention de construire de vastes casernes et même des arsenaux de guerre, est une des plus précieuses positions de défense qu'on puisse trouver auprès d'une grande ville insurgée ou tombée au pouvoir de l'ennemi.

L'extrémité méridionale du Champ-de-Mars est bornée en effet au levant par le Rhône, et au couchant par la Saône. Derrière, c'est-à-dire au midi, elle est protégée par trois immenses fossés d'eau, les deux bras de la gare et le confluent des deux rivières. Le pont de la Mulatière, seule communication entre la ville et la route de Saint-Étienne et Toulouse, rend la force militaire maîtresse de cette route et de tous ses abords.

Du côté du nord enfin, il y a entre la ville et cette position, la longueur toute entière du Champ-de-Mars, tout-à-fait plat, nu, découvert; impossible de franchir cet intervalle; la cavalerie et l'artillerie placées du côté du midi en interdiraient jusqu'à l'approche.

Cette position ne sera pas seulement de défense, mais encore d'attaque. Car delà, on peut facilement diriger comme d'un quartier-général, comme d'un centre d'action, des troupes sur tous les points de la ville. Jusqu'à la place Bellecour, en effet les rues sont larges et les quais spacieux.

M. le Ministre de la guerre a découvert tous les avantages de cette localité, du regard pénétrant d'une expérience consommée. Une seule remarque seulement lui a échappé.

Comment, dans l'état actuel des choses, si la ville de Lyon était envahie ou au pouvoir des rebelles, comment les forces militaires qui seraient réunies au midi de la ville dans la presqu'île de Perrache, pourraient-elles communiquer avec les secours qui leur viendraient soit du côté du nord par les deux routes de Paris, soit du côté de l'ouest par celle de Bordeaux, soit enfin du côté de l'est et du midi par les routes de Grenoble et de Marseille ?

Toute communication par les routes actuelles serait impossible. Les troupes venant du nord et de l'ouest par Vaize, auraient un faubourg et la ville entière à traverser. Elles ne pourraient pas s'exposer dans un pareil défilé. Quant aux troupes arrivant par les routes de Marseille et de Grenoble, leur situation serait encore plus périlleuse ; il leur faudrait franchir et le faubourg et le pont de la Guillotière. *Le faubourg de la Guillotière !* cette rue sans fin où des régimens entiers pourraient être arrêtés par des barricades, et anéantis par une population aux fenêtres ! Un commandant de corps reculerait devant la seule pensée des conséquences qu'entraînerait une tentative téméraire. Nous n'en sommes plus à des suppositions sur ce point ; et l'on peut citer, ce semble , l'exemple tout récent de ces détachements d'infanterie et de cavalerie, qui, expédiés en toute hâte et à *marche forcée*, des villes de l'Isère, où ils tenaient garnison, ont été obligés de faire une halte *plus forcée encore*, à l'entrée du faubourg dont l'insurrection leur interdisait le passage.

Il faut donc, de toute nécessité, qu'il y ait possibilité d'arriver par toutes les principales routes, dans la presqu'île de Perrache, autrement qu'en traversant Vaize, Lyon et la Guillotière. En d'autres termes, il faut trouver le moyen de faire aboutir à la presqu'île de Perrache, nos principales routes, en évitant l'intermédiaire aujourd'hui inévitable de l'étroit intérieur de notre ville et de nos faubourgs populeux et allongés.

Ce problème est-il soluble ? Le gouvernement

en paierait certainement la découverte, s'il l'eût proposé.

La solution ne se fera pas attendre.

Au Cours du midi, c'est-à-dire, à l'entrée de la presqu'île Perrache, qu'on construise sur le Rhône un pont, et qu'à la suite de ce pont on établisse une section de route d'un quart de lieue environ dans la direction des forts en construction *de la Mouche* et *de la Mothe*, cette section de route ira regagner la route de Marseille près de *la Mothe* et celle de Grenoble et de Chambéry près *des Hirondelles*. La section de route à créer aura peu d'étendue, elle suivra les lignes acquises par l'autorité militaire. Elle coûtera très-peu, et son importance sera immense. Le faubourg de la Guillotière pourra être évité et la plaine du Dauphiné tout entière, les routes du midi et de l'est communiqueront avec la presqu'île Perrache (*).

De l'autre côté du Cours du midi, sur la Saône, dans la direction de l'axe du Cours, un

---

(*) On annonce même en ce moment, sans que l'on puisse l'assurer, que le gouvernement projette d'établir un polygone sur les *terreins de la vitriolerie* à la Guillotière. Ce pont servirait pour communiquer du polygone aux casernes.

peu audessus de cette passerelle provisoire que l'entreprise des remblais a construite pour son utilité particulière, qu'on établisse un second pont faisant le pendant de celui sur le Rhône; qu'à la suite de ce second pont, on convertisse en section de route royale, au moyen d'un développement pris sur les terreins situés entre les chemins du grand et du petit Choulans, se prolongeant dans le faubourg Saint-Irénée jusques en dehors de la rue des Fossés de Trion, où arrive l'ancien chemin de Grange-Blanche; cette nouvelle section de route mènera au point de Grange-Blanche, autrement dit de la Demi-Lune, où se réunissent aujourd'hui la route de Paris par le Bourbonnais et celles de Bordeaux et de tout l'ouest de la France. Elle aura encore le grand avantage de desservir Sainte-Foy, Saint-Just et toute la ligne des anciennes fortifications de Fourvières, et permettra aussi de faire passer des troupes à la Croix-Rousse, par le pont de Serin, en évitant l'intérieur de la ville.

Les forces venues du nord de la France, n'auront plus à passer par Vaize et Bourgneuf; mais, arrivées au point de Grange-Blanche, elles pourront communiquer directement avec la presqu'île Perrache, par la nouvelle section

de route : il en sera de même des troupes venues de Bordeaux, Clermont, Montbrison , et
autres villes de l'ouest et du sud-ouest.

Certes, jamais solution n'a pu être plus sa-
tisfaisante ; et ce n'est pas quand le cœur saigne
encore au souvenir de tout ce qu'il en a
coûté pour traverser même dans le silence
des ténèbres, une rue de faubourg dont chaque
côté devenait une forteresse meurtrière , que
l'autorité militaire pourrait contester l'utilité,
l'urgence, disons même, l'humanité d'un pareil
projet.

Au surplus, quelque beau qu'il soit, il n'est
pas nouveau. Il y a deux ou trois ans, tout au
plus, qu'il fut proposé à l'administration municipale de cette ville. Le plan de Darmet, qui
peut être consulté, donne l'indication du pont
projeté sur le Rhône, et de la section de route
sur le territoire de la Guillotière qui va re-
joindre la route de Provence et celle de Grenoble. Deux raisons également puissantes firent
écarter ce projet. D'une part, l'égoïsme de
quelques membres de l'avant-dernier conseil
municipal, qui, redoutant la destinée future de
la presqu'île Perrache, cherchaient à ajourner
indéfiniment, dans leur propre intérêt, le développement et l'embellissement de la par-

tie neuve de la ville; et, d'autre part, c'était le manque de fonds nécessaires pour consommer une pareille entreprise. Le moment n'était plus favorable, le système des opérations par compagnies et associations était discrédité.

Ces deux raisons doivent disparaître aujourd'hui. Quant à l'intérêt privé, il n'est plus à l'ordre du jour, il cède, avons-nous déjà dit, devant la raison d'État; et si lorsqu'il s'est agi de fortifier Lyon, il a fallu faire taire ses justes doléances, on l'écouterait encore bien moins aujourd'hui qu'il ne s'agirait plus, pour compléter un grand plan de défense militaire, que de jeter deux ponts et de former à droite et à gauche deux embranchements de route. Voilà pour le premier obstacle; l'égoïsme l'avait soulevé, le motif de sûreté publique l'anéantit et en fait bonne justice.

Quant à la raison pécuniaire, elle ne serait peut-être pas, il faut en convenir, aussi facile a résoudre. Le gouvernement se chargerait-il de de la construction des deux ponts, l'un sur le Rhône, l'autre sur la Saône. La question est au moins douteuse, si l'on considère le nombre et l'importance des travaux qu'il exécute autour de Lyon et pour lesquels il épuise toutes les allocations spéciales que le budget peut lui accorder.

Des compagnies s'en chargeraient - elles mieux ? *non*, dans l'état actuel d'abandon et d'oubli du quartier neuf et de la presqu'île; *non*, tant que l'administration municipale se privera, par une inconcevable apathie, des richesses qu'elle pourrait trouver dans la presqu'île Perrache, comme dans une nouvelle *poule aux œufs d'or*.

Mais, du jour où cette indifférence cessera; du jour où seront prises en considération les hautes questions d'intérêt de tout genre, discutées et approfondies déjà dans deux mémoires publiés par les propriétaires du midi ; du jour enfin, où revenant sur des décisions funestes sans doute, mais non pas irrévocables, l'autorité supérieure et l'autorité locale après avoir percé l'épais nuage qui obscurcit leur vue, parviendront à comprendre quels immenses avantages doit produire pour le présent et l'avenir, *la translation du Palais de justice sur la place Louis XVIII;* des compagnies se présenteront, parce qu'il y aura pour elles toute garantie de réussite, soit dans l'érection du Palais, soit dans l'accroissement de la population sur cette partie de la ville, soit dans le voisinage des casernes, arsenaux et autres établissements militaires de la presqu'île.

Voilà maintenant le rapport qui existe entre

les travaux de défense de Lyon et le Palais de justice sur la place Louis XVIII. Résumons. M. le Ministre de la guerre veut-il faire de la presqu'île de Perrache une position tout-à-fait militaire ? il ne le peut, qu'en mettant cette presqu'île à *cheval* sur toutes les routes aboutissant à Lyon, en la rendant maîtresse de toutes ces routes, qui communiqueront avec elle sans passer par Lyon. Mais pour arriver à ce résultat, il faut jeter deux ponts sur les deux rivières dans l'axe du Cours du midi. Des compagnies, dont le noyau est déjà formé, construiront ces deux ponts, mais à une condition *essentielle*, celle de la translation du Palais de justice sur la place Louis XVIII, parce que sans cette condition, il y aurait folie à entreprendre, et ruine à exécuter un semblable projet.

C'est ainsi que M. le Ministre de la guerre, et que la sûreté de la ville se trouvent indirectement, il est vrai, mais intimement intéressés à la construction du Palais de justice sur la place Louis XVIII. Ajoutez à l'offre de la construction des deux ponts, les besoins de quinze mille ouvriers qui manquent d'ouvrage et qui en pourraient trouver ; la détresse de plus en plus hideuse des finances de la ville dont le dernier lambeau va être arraché, dit-on, par la loi de vendémiaire, qui en distribuera les fragments épars aux citoyens pillés ou incendiés dans les trois journées de novembre ; là nécessité, par conséquent, de moins mépriser cette presqu'île Perrache, la seule planche d'un grand naufrage !!! Mettez tont cela dans l'un des plats de la balance ; mettez dans l'autre, si vous le voulez, tout le dommage, toutes les récriminations du quartier de l'ouest,... pesez... de quel côté, de bonne foi, penchera la balance ?

Cette raison nouvelle a donc par elle seule une grande force ; mais réunie à toutes celles que contiennent les deux premiers mémoires (*), elle devient décisive, entraînante.

Il convient d'insister particulièrement sur ce point, afin qu'on comprenne bien que ce n'est pas dans l'intérêt du Ministère de la guerre seulement que la translation du Palais est aujourd'hui demandée ; mais que des intérêts divers, d'une aussi haute importance, se rattachent à ce changement; qu'ils sont connus, qu'ils ont été discutés; et que la raison soulevée aujourd'hui, n'est *qu'une raison de plus*.

(*) Voyez le premier mémoire, pag. 67, et le deuxième, pag. 34 et 35.

On peut aller encore plus loin : on peut aller jusqu'à dire que les circonstances desquelles nous sortons, ont révélé la nécessité de ce changement, non-seulement par rapport à la question militaire, mais dans l'intérêt du Palais de justice lui-même, et de sa sûreté à venir.

Quelle est sa position actuelle, quels sont ses aboutissants ? Au devant, et du côté de la façade principale, un quai rétréci, servant de marché, encombré de denrées, d'étalages. Sur les côtés et par derrière, trois rues étroites, sinueuses, obscures ; plus loin encore, et toujours sur le derrière, un coteau à pente roide dont les degrés plus roides encore montent en ligne presque verticale. Ce coteau domine le Palais de justice, comme un homme debout dominerait un enfant qui serait assis auprès de lui. La population ouvrière y habite.

Arrive un événement *politique*... des prisonniers *politiques* sont renfermés, nous le supposons, dans la prison de Roanne, située à côté du Palais de justice actuel. Le désordre croît à chaque instant, une multitude furieuse se porte sur le Palais et sur la prison, pour délivrer les prisonniers. La force armée pourra-t-elle venir prêter main-forte ? Une seule réflexion

la retiendra, c'est que la prison est dans l'intérieur de la ville, et qu'il sera facile de lui
couper la retraite en barricadant les ponts.
Mais il y a plus, comment pourra-t-elle se dé-
ployer ? Elle n'osera pas même se hasarder dans
des rues de 15 à 18 pieds, comme les rues Por_
tefroc, Trois-Maries, etc., etc. Tournera-t-elle
la position par la rue du Bœuf, la rue Saint-
Jean ? mais immédiatement à côté il y a la
montagne; il y a les étroites et innaccessibles
montées du *Garilland*, du *Gourguillon*, de
Tire-Cul, etc., etc., de la hauteur desquelles
une pierre seule, lancée ou abandonnée même
à son propre poids, deviendrait un meurtrier
projectile. *Les désolants souvenirs de la Grand-
Côte, de la Côte Saint-Sébastien*, sont là pour
attester qu'il n'y a aucune exagération dans ce
tableau; et cependant, la pente de ces deux
côtes est peut-être de moitié moins rapide que
celle des trois côtes qui sont adossées au Palais.

Sur la place Louis XVIII, le Palais de justice et la prison, isolés de tous les côtés, auront au devant de la façade principale, le
Cours du midi dont la largeur est égale à la
longueur de la place des Terreaux, et dont la
longueur est dix fois la largeur; sur chaque
côté, une rue de cent à cent vingt pieds, et

au devant de la façade septentrionale, une vaste place qui communique par la rue de Bourbon à la place Bellecour. En cas d'alerte, les casernes du Champ-de-Mars, celles de la nouvelle Douane, de la Gendarmerie, peuvent envoyer des renforts qui pourront être utilement employés et non pas *sacrifiés*. Là, il y aura sûreté complète pour les magistrats, pour le jury chargé de juger les délits politiques et tous autres; là, il y aura garantie entière pour la société que les prisonniers détenus dans la maison d'arrêt ne pourront pas être enlevés à sa surveillance, à l'aide d'un coup de main. Là enfin, on ne sera pas obligé de recourir à la triste nécessité de faire feu sur des prisonniers cherchant à s'échapper par les toits des maisons voisines (*), parce que les bâtiments seront isolés et qu'il sera facile de les cerner de toutes parts.

Ce grand motif de la sûreté publique s'applique donc *au Palais lui-méme*, et il se lie admirablement avec les projets du Ministre de la guerre.

(*) Le mercredi 23 novembre 1831, les prisonniers de Roanne ayant tenté de s'évader, le poste bourgeois fut forcé de se servir de ses armes ; deux prisonniers furent tués.

Le déplacement du Palais serait encore utile sous un autre rapport à la sûreté publique. Il suffit de l'indiquer.

La population de Lyon trop resserrée dans plusieurs quartiers de cette ville, peut, dans certaines circonstances , inspirer quelques craintes à raison de l'agglomération d'un trop grand nombre d'individus. Le projet aurait pour résultat de l'étendre, de la disséminer davantage.

On bâtirait davantage dans la plaine; on suivrait comme on l'a dit tant de fois, l'indication naturelle que donnent deux rivières, dont l'une est très-commerçante. On éviterait par là le danger, que présentent de trop nombreuses habitations échelonnées sur un coteau escarpé, ou sur un plateau élevé; et sous ce point de vue, on pourrait encore tirer une leçon profitable de nos événements, pour ne plus commettre la faute, si lourde d'ailleurs, pécuniairement parlant, de bâtir sur les hauteurs.

Inutile, sans doute, de revenir par voie de redites, sur les avantages généraux du projet, sur les économies de la dépense, sur le travail de plusieurs milliers d'ouvriers, sur les finances de la ville dont la ruine imminente et prévue avant nos désordres a été accélérée et consommée par eux. Ce serait faire injure à l'attention du lecteur.

Quant aux observations que la circonstance a suggérées, et qu'un cadre de quelques pages a suffi pour présenter, elles se résument en très-peu de mots.

1° Deux ponts, aux deux extrémités du Cours du midi, sont nécessaires pour faire de la presqu'île de Perrache une position tout-à-fait militaire. Ces deux ponts seraient construits par des compagnies, du moment où le Palais de justice serait transféré sur la place Louis XVIII. M. le Ministre de la guerre est intéressé à l'exécution de ce beau projet, il en favorisera la réussite par sa haute et puissante intervention dans la question du Palais.

2° Il n'y a plus sûreté à conserver le Palais de justice et la prison d'arrêt dans leur emplacement actuel. Les évènemens de novembre ont démontré la nécessité d'un changement, auquel on ne saurait se refuser sans la plus grande imprudence. Repoussera-t-on ces nouvelles raisons par une fin de non-recevoir, par la chose prétendue jugée? Ce sont-là des mots qui peuvent très-bien se comprendre dans le langage du barreau et des affaires judiciaires; mais en administration, on ne les

connaît pas. L'administration, agissant libre-
ment dans sa sphère, et *indépendamment* des
intérêts privés, qui ne doivent point entraver sa
marche, ne prend conseil que du temps, des circonstance, de l'utilité générale; et lorsque le
temps, les circonstances, les fautes du passé,
les besoins du moment et la garantie de l'avenir réclament d'elle un changement dans des
dispositions même qu'elle aurait arrêtées,
c'est un devoir, c'est une satisfaction pour elle
de s'y conformer et de modifier ainsi sa vo-
lonté, qui, pas plus que celle des rois, ne peut
être *immuable*.

Où serait d'ailleurs la chose jugée? dans
des décisions, peut-être; mais dans l'exécution, nullement. La première pierre du Palais neuf ne sera pas posée d'ici à quelques
mois; l'emplacement de la maison Gabet,
actuellement en démolition, ne serait pas
perdu, dans le cas où le Palais serait
transporté dans le midi de la ville: il servirait conformément au plan de la ville, à
agrandir la place de Roanne et le marché.
La reconstruction, dans tous les cas, ne peut
avoir lieu avant le printemps: jusqu'à cette
époque, la délibération peut donc se r'ouvrir.

Et il est à espérer que lorsque MM. les

Ministres de la guerre , de l'intérieur et du commerce auront de nouveau discuté la question sous toutes ses faces, et que le nouveau conseil municipal se sera convaincu qu'il faut, avant tout, trouver un appareil d'amortissement pour fermer la plaie des dettes de la ville, la *raison*, si long-temps méconnue, finira par avoir *raison*.